Michael Heinen-Anders

Von der britischen Kriegswirtschaft zur wirtschaftlichen Assoziation

Herstellung und Verlag: BoD – Books on Demand, Norderstedt

ISBN: **9783750441415**

Inhaltsverzeichnis

Von der britischen „Kriegswirtschaft" zur wirtschaftlichen Assoziation

Viel ist in der Gegenwart von der Postwachstumsökonomie, bekannter vielleicht unter dem Titel „Degrowth" die Rede[1], zuletzt wohl von der Wirtschaftsjournalistin Ulrike Herrmann, mit ihrem Abgesang auf den heutigen Kapitalismus[2].

Alles begann mit der vielbeachteten Publikation des „Club of Rome": „Die Grenzen des Wachstums"[3]. Dort wurde bereits gewarnt vor den planetarischen Grenzen „unendlichen" Wachstums, wie es die Ökonomie suggerierte. Doch ergab sich bereits rasch ein „Legitimationsschwund" hin-

---

[1] Vgl. Niko Paech: Befreiung vom Überfluss. Auf dem Weg in die Postwachstumsökonomie, Oekom Vlg., München 2012
[2] Vgl. Ulrike Herrmann: Das Ende des Kapitalismus, Vlg. Kiepenheuer & Witsch, Köln 2022
[3] Dennis Meadows u.a.: Die Grenzen des Wachstums. Bericht des Club of Rome zur Lage der Menschheit, Deutsche Verlags-Anstalt, Stuttgart 1972

sichtlich fortgesetzten exponentiellen Wachstums.[4]

Die Wachstumskritik wurde denn auch schnell von der 1979/1980 neugegründeten Partei „Die Grünen" aufgenommen.[5] In dieser Phase der Parteineugründung nahm auch der anthroposophische „Achberger Kreis" Einfluß auf das Programm der neu entstehenden Partei.[6] 1983 gelang der neuen Partei denn auch der Einzug in den Bundestag. Neben Lukas Beckmann vertrat auch Otto Schily anthroposophie-nahe Positionen in der neuen Fraktion „Die Grünen".[7]

---

[4] Vgl. Günter Hobbensiefken: Ökologieorientierte Volkswirtschaftslehre, Oldenbourg Vlg., München – Wien 1988, S. 23

[5] Jutta Ditfurth: Das waren die Grünen – Abschied von einer Hoffnung, Econ Vlg., München 2000, S. 80 - 81

[6] Der Grüne Kurs: Wahlplattform des <<Achberger Kreises>> zur Bundestagswahl 80. In: Wilfried Heidt (Hg.): Abschied vom Wachstumswahn, Achberger Vlg., Achberg 1980, S. 171 - 204

[7] Vgl. Michael W. Bader: Jenseits von Kapitalismus und Kommunismus. Theorie und Praxis des Wirtschaftsmodells der Achberger Schule, Berliner Wissenschafts-Verlag, Berlin 2016, S. 22 – 23 sowie Otto Schily: Vom Zustand der Republik, Wagenbach Vlg., Berlin 1986

Doch wenn man die heutige parlamentarische Praxis der Grünen sich einmal näher anschaut, ist von diesen einstigen ehernen Grundsätzen nur wenig geblieben.[8]

Auch bei den anderen im Bundestag vertretenen Parteien ist Wachstumskritik heute nicht mehr Usus. Stattdessen geistern Modelle rot-grün-gelb-technologischer Krisenbewältigung durch die Gazetten. Doch ist erwartbar, dass die Modelle öko-sozialen „qualitativen Wachstums" die realen Klimagefahren weder abschwächen, noch bewältigen können.[9]

Im einzelnen stellt die Wirtschaftsjournalistin Ulrike Herrmann dar, weshalb sich alleine mit qualitativem Wachstum die Probleme nicht werden lösen lassen. Stattdessen schlägt sie eine quasi öko-soziale Degrowth-Strategie vor. So würde die

---

[8] Vgl. z.B.: Jutta Ditfurth: Krieg, Atom, Armut. Was sie reden, was sie tun: Die Grünen, Rotbuch Vlg., Berlin 2011
[9] Vgl. Frank Adler: Wachstumskritik – Postwachstum – Degrowth. Wegweiser aus der (kapitalistischen) Zivilisationskrise, Oekom Vlg., München 2022, S. 545 - 547

Bundesrepublik Deutschland nur noch ein Wohlstandsniveau von etwa 1978 erreichen können, wenn die klimapolitisch gebotenen Maßnahmen erfolgreich sein sollten.

Als Modell schlägt sie die britische Kriegswirtschaft ab 1939 vor. Dort gelang es auch bei jahrelangem Minuswachstum dennoch eine sozial abgefederte Wohlstandsvariante zu finden, bei der niemand hungern oder darben musste.[10]

Die wirtschaftliche Seite der Kriegswirtschaft Englands ab 1939 war geprägt von erheblichen Herausforderungen und Veränderungen, um den Anforderungen eines langen und kostspieligen Krieges gerecht zu werden. Die britische Wirtschaft musste sich auf die Bedürfnisse der Rüstungsproduktion und der Versorgung der Streitkräfte konzentrieren und dabei ihre industrielle Basis auf breitere und intensivere Weise mobilisieren.

---

[10] Vgl. Ulrike Herrmann: Das Ende des Kapitalismus, Vlg. Kiepenheuer & Witsch, Köln 2022, S. 229 ff

Die britische Regierung führte verschiede-
ne Maßnahmen ein, um die Kriegswirtschaft zu unterstützen. Eine dieser Maßnahmen war die Einführung von Kriegsan-
leihen, um den Krieg zu finanzieren. Die
Regierung setzte auch auf die Rationierung
von Gütern, um die Versorgung der Bevölkerung sicherzustellen und die Produktion von Gütern für den Krieg zu maximie-
ren.

Die britische Wirtschaft wurde in der Fol-
gezeit vollständig auf die Kriegswirtschaft
umgestellt. Die Produktion von Konsum-
gütern wurde auf ein Minimum reduziert
und stattdessen wurden Waffen, Munition,
Panzer, Flugzeuge und Schiffe produziert.
Ein großer Teil der Industrie wurde ver-
staatlicht, um die Koordination der Produktion zu verbessern und Engpässe zu
vermeiden. Die Regierung arbeitete eng
mit der Industrie zusammen, um die Pro-
duktionsprozesse zu optimieren und Engpässe in der Lieferkette zu beseitigen.

Eine der größten Herausforderungen für die Kriegswirtschaft war der Mangel an Rohstoffen und Materialien. Die britische Regierung führte eine Politik der wirtschaftlichen Autarkie ein, um die Abhängigkeit von ausländischen Ressourcen zu verringern. Die Regierung setzte auch auf die Wiederverwertung von Rohstoffen und Materialien, um den Bedarf zu reduzieren. Es wurden jedoch auch viele Ressourcen aus Übersee importiert, um die Produktion aufrechtzuerhalten.

Die Kriegswirtschaft Englands ab 1939 hatte auch erhebliche Auswirkungen auf die Arbeitskräfte und die Arbeitsbedingungen. Die Regierung führte Arbeitsgesetze ein, die die Arbeitsbedingungen und die Löhne regelten. Die Belegschaften wurden verpflichtet, Überstunden zu leisten, und es wurden Frauen und Ausländer in die Arbeit eingebunden. Die Arbeitslosigkeit wurde durch den Krieg nahezu vollständig beseitigt, da die Industrie eine

beispiellose Nachfrage nach Arbeitskräften
hatte.

Trotz der Herausforderungen und Einschränkungen durch die Kriegswirtschaft konnte England die Produktion von Kriegsmaterialien erheblich steigern. Insgesamt war die Wirtschaft Englands während des Krieges in der Lage, ihre Produktion und ihre Finanzen zu mobilisieren, um die Kriegsbemühungen zu unterstützen. Der Aufbau der Kriegswirtschaft half auch dabei, die Grundlagen für das wirtschaftliche Wachstum in der Nachkriegszeit zu legen.

Weitere Modelle

Auch das Schumpeter-Modell einer quasi sozialistischen Marktwirtschaft harrt durch das real existierende chinesische Beispiel

nicht mehr länger auf seine Realisierung,
sondern ist längst in die Praxis überführt.[11]

Spiritueller Öko-Aktivismus ist auch eine
neuerdings lebbare Variante öko-sozialer
Veränderung.[12]

Als lange Zeit wenig beachtete Variante
gilt das Modell des dreigegliederten sozia-
len Organismus. Dabei gilt für die Wirtschaft das Motto der Brüderlichkeit, ver-
wirklicht durch die Assoziative Wirtschaft.[13]

Was genau meint „Assoziationen der Wirtschaft" und assoziative Wirtschaftsweise?

„Rudolf Steiner benützt diesen Ausdruck
und das Verb <<sich assoziieren>> gele-
gentlich in dem allgemeinen Sinn des

---

[11] Vgl. Karl Georg Zinn: Vom Kapitalismus ohne Wachstum zur
Marktwirtschaft ohne Kapitalismus, VSA-Vlg., Hamburg 2015, S.
127
[12] Vgl. Aktivismus braucht die Erde als Ratgeberin. Interview mit
Irmela Fischer, In: Zeitschrift Info 3, März (2023), S. 16 - 18
[13] Vgl. Wolfgang Latrille: Assoziative Wirtschaft. Ein Weg zur sozi-
alen Neugestaltung, Vlg. Freies Geistesleben, Stuttgart 1985

<<Sich-Verbindens>>. In seinen Dreigliederungsschriften gibt er jedoch der Bezeichnung <<Assoziation>> die spezielle Bedeutung eines Zusammenschlusses der Vertreter der Produktion (Unternehmer), des Handels (Händler) und der Konsumption (Konsumenten) als eines Selbstverwaltungs- und Steuerungsorgans der Ökonomie. (…) Hinsichtlich der Urteilsbildung geht Steiner davon aus, dass ein gesundes Urteil über Maßnahmen, die sich auf die Gestaltung der Wirtschaft beziehen, nicht von einer einzelnen Persönlichkeit gefällt werden kann, weil dafür ein <<gemeinsames Urteil>> erforderlich ist."[14]

„In einer Assoziation kann ein Beschluß nicht wie in einer demokratischen Angelegenheit, bei der die Mündigkeit zur Urteilsbildung genügt, durch eine Abstimmung gefasst werden." [15]

---

[14] Derselbe, S. 117 - 118
[15] Derselbe, S. 119

Es ist vielmehr eine Einmütigkeit erforderlich. Also darf hier auch keine Seite der Urteilsbildung überstimmt werden.
Wichtig ist also, dass hier die Fähigkeiten der jeweils entsandten Vertreter der Unternehmer, der Händler und der Konsumenten, harmonisch zusammenklingen.

Welche Aufgaben haben also die Assoziationen?

„Als Ausgangspunkt zur Charakterisierung der Assoziationen soll uns die Aufgabe der Wirtschaft dienen: Sie hat die bestmögliche Befriedigung der materiellen Bedürfnisse der Bevölkerung zu gewährleisten und beginnt mit der Feststellung des effektiven Bedarfs, geht über zu der möglichst rationellen Fertigung und endet mit einer gut organisierten Verteilung der erzeugten Waren unter die Verbraucher. Obwohl der individuelle Beitrag des einzelnen Unternehmens zur Erreichung des Ziels wesentlich und unerläßlich ist, verlangt die arbeitsteilige Wirtschaft, daß die Aufgabe der Ökonomie als eine den drei Funktionen – Produktion, Handel, Konsumption – gemeinsame verstanden wird. Die Organe, die für die Verwirklichung dieses Gemeinsamkeitsaspekts zu sorgen haben, sind die Assoziationen."[16]

„Die Assoziationen sind nach Branchen und Regionen unterteilt. Ihre räumliche Anordnung richtet sich ganz nach den ökonomischen Verhältnissen des Landes, wobei zu beachten ist, daß das Arbeitsgebiet der Assoziationen überschaubar sein muß. Die Zahl der Mitglieder einer solchen Institution ist möglichst niedrig zu halten."[17]

„Gleichberechtigte Arbeitgeber und Arbeitnehmer sind in den Assoziationen zur Zusammenarbeit aufgerufen. (…) Ein neues Prinzip ist die gleichberechtigte Mitarbeit der der Vertreter der Konsumenten in den Assoziationen."[18]

---

[16] Derselbe, S. 120
[17] Derselbe, S. 121
[18] Derselbe, S. 121

Autobiographische Notiz:

Michael Heinen-Anders wurde am 25.02.1960 in Köln geboren. Er studierte an der Bergischen Universität Wuppertal Wirtschafts- und Sozialwissenschaften.
1989 schloss er das Studium als Diplom-Ökonom ab.
Michael Heinen-Anders trat 1994 der Anthroposophischen Gesellschaft, Zweig Köln, bei. Seit 2012 ist er gleichfalls Mitglied der Freien Hochschule für Geisteswissenschaft.
Er veröffentlichte zahlreiche literarische, essayistische und wissenschaftliche Schriften, darunter „Aus anthroposophischen Zusammenhängen", BoD, Norderstedt 2010 und „Aus anthroposophischen Zusammenhängen Band II", BoD, Norderstedt 2018.
Michael Heinen-Anders lebt in Köln, ist geschieden und hat zwei erwachsene Töchter.